Alois Segerer: **Warum krächzt der Rabe**

Alois Segerer

WARUM KRÄCHZT DER RABE

Prosa-, Flora- und Faunagedichte

Mit Bildmontagen von Rudolph Bauer

 tredition®

STATT EINES LEBENSLAUFES

Mein Vater war Zimmermann
Von der guten alten
Hölzernen Art.

Und so begann auch ich
Meine Verse zu drechseln
Und den Balken zu suchen
Im Auge der andern.

Doch als ich die Axt
Im Walde vergrub

...

Und mich verbrüderte
Mit den großen
Kneipenphilosophen
Da legte man mir
Das Handwerk.

Das, so hieß es,
Erwarte man nicht
Von Zimmermannssöhnen.

Prosagedichte

ein abend mit doc holliday

von den western verpass ich meistens
das beste die leichen am schluss es
ist immer das selbe man könnte
die uhr danach stellen der tag ist
verbrannt zu phönix und asche ich
häng gemütlich vorm fernsehn und schau
mir nen western an high noon oder
so doc holliday spuckt blut in den
saloon die katze schleicht durchs zimmer
und horcht am stuhlbein gary cooper
hat bereits die hand am colt da
läutet das telephon und ich weiß
schon was jetzt kommt

was mutter ist gestorben na
servus mein beileid und dir gehn die
haare gleich büschelweis aus das
sieht dem tod mal wieder so ähnlich
das leben ist so ein bohrendes
geräusch wem sagst du das die haut fühlt
sich an wie zerbröselte semmeln
und dies und das ist im eimer und
deshalb müßt ihr euch ständig volllaufen
lassen und der kater macht alles
noch schlimmer weiß ich doch alter

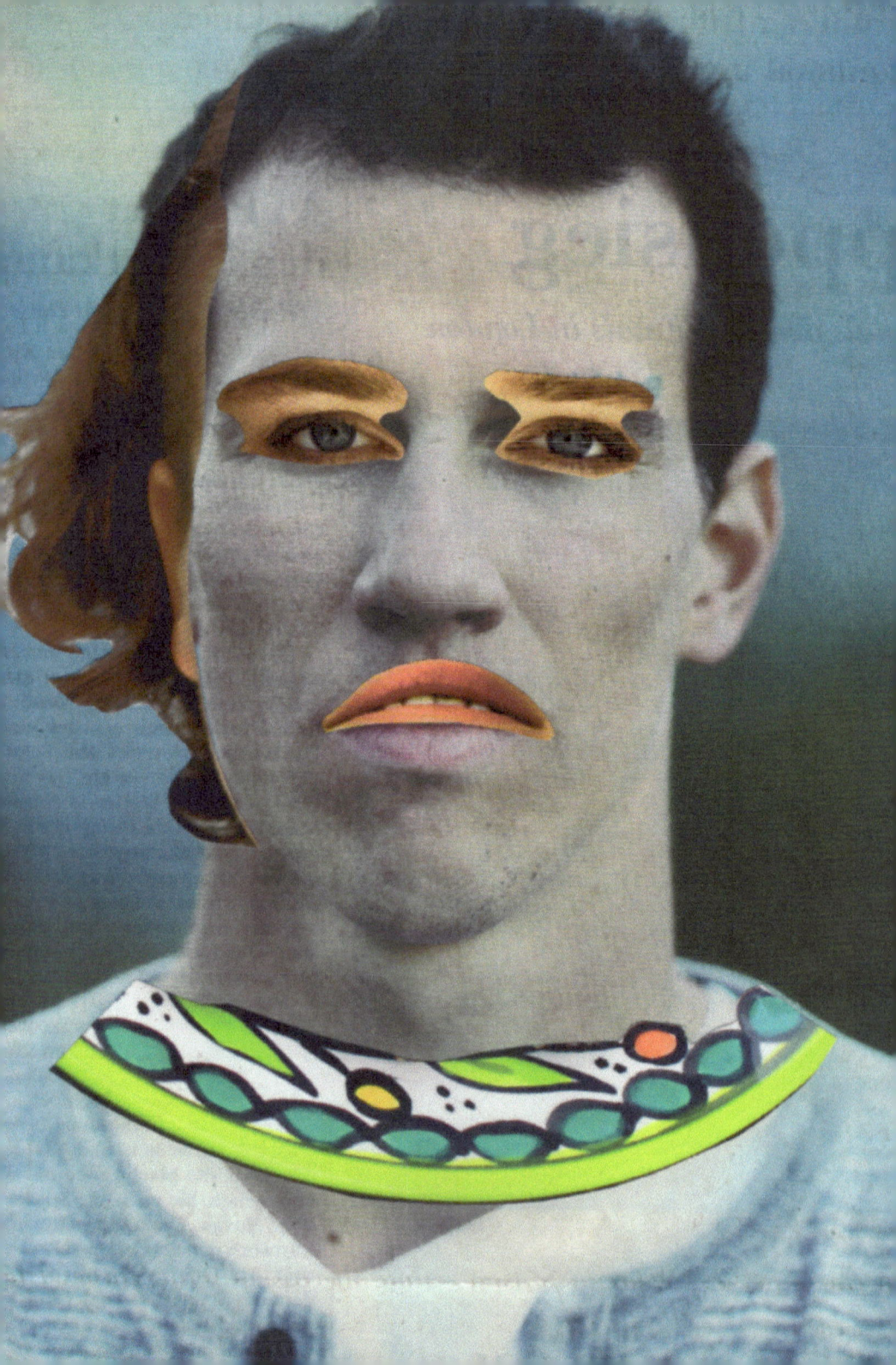

ja schüttet mir nur euer mickriges
herz aus lallt mir eure trübsal
durch bells maschine ins ohr und
das mitten im spannendsten showdown
ich bin ja schon immer euer
praktischer abfallkübel der
mann den man braucht wenn not am mann ist
der aufräumt mit dem ganzen gesindel
und das fürn dollar die woche
sagt man
wo ist das problem frag ich habt ihr
ehemals durchlauchten gestalten
keine luft mehr für ein halbwegs
anständiges finale nehmt euch
ein beispiel an doc holliday
aber das ist auch ziemlich unwesentlich
im vergleich zu älteren
gemälden das nächste mal ruft ihr
bei nem andern an und lasst mich
in ruhe den western zu ende
sehn damit ich weiß ob das gute
siegt oder das böse.

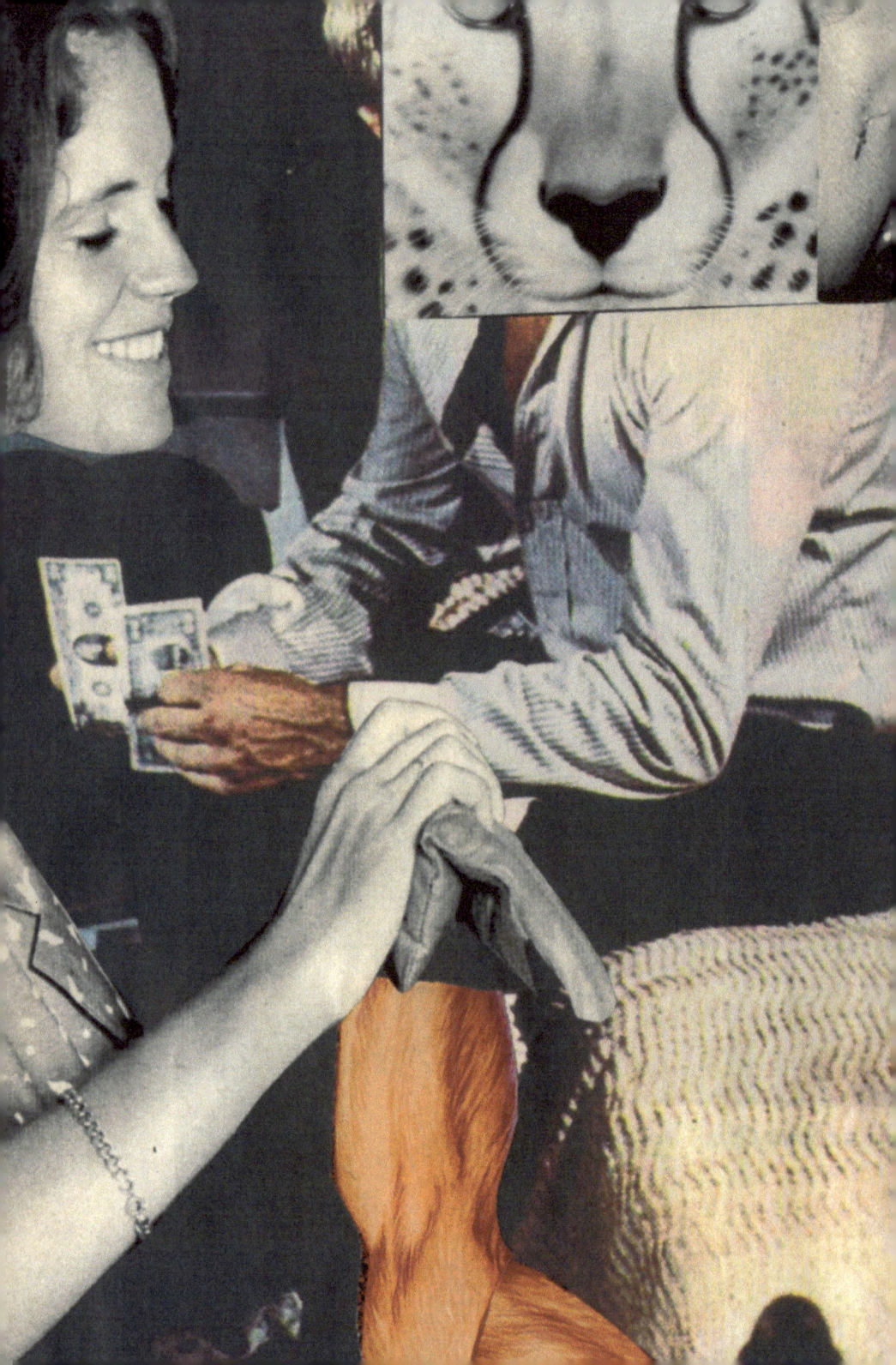

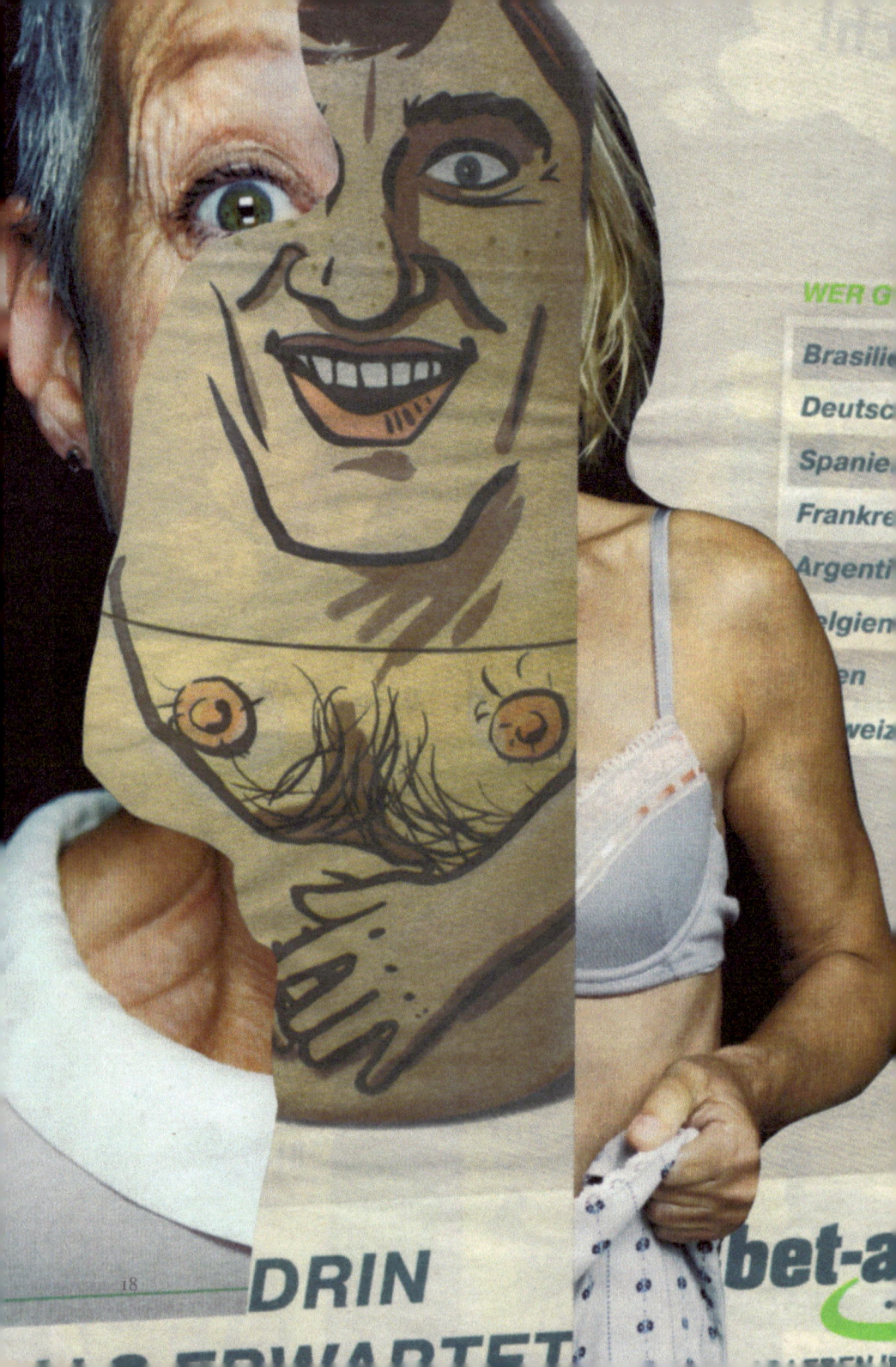

DIE WELT AUS SICHT DER MARX BROTHERS

ich kanns ja verstehen dass
jesus nach drei tagen
die nase voll hatte vom nirwana
und mit seinen kameraden noch
einmal einen kräftig draufmachen
wollte und manche wären schon
zufrieden als kellerassel eine
zweite chance zu bekommen möglich
ist schließlich alles und
das einzige was mich dabei stört
ich hasse happy ends

mit dem glauben ist das so eine
sache die erde zum beispiel
haben wir gelernt ist eine
kugel sie dreht sich erstens um
sich selber zweitens um die sonne
und drittens um die ganze scheiße
und jeder glaubts weil ein globus
in der ecke steht und columbus
amerika entdeckt hat das
hab ich gern aus unbedeutenden
tatsachen bedeutende schlüsse
ziehn.

vielleicht aber kommt morgen schon
ein neuer galidingsbums und
beweist euch dass die erde nur
der teller eines großen dreh
aschenbechers ist und du bist
ne laus die drauf sitzt und wehe
einer drückt oben drauf oder
es könnte sein dass die erde
genauso aussieht wie die
manschettenknöpfe der marx
brothers am sonntag rund und sonst
viereckig

wenn unser komischer planet
ne kugel wär müßt ich mir echt
sorgen machen um australien
das mit schafen und natur
schönheiten genug gestrafte land
weil es so hilflos an backbord hängt
und jeden moment wegblubbern kann
in den universalen gulli nein
kommt mir bloß nicht mit der
gravitation die irdische
anziehungkraft reicht grade
fürn paar nummern und n paar
wochen und dann ist sense weiß doch
jeder die schwerkraft der erde
ist eine fata morgana frag die
vögel

okay ich spekulier auch nur
rum sitz gravitätisch in meinem
sessel und vertrau der schwerkraft
meines arsches was uns allen
wirklich fehlt ist der starke blick
fürs veränderliche wir hängen
uns klebrig an gott und die welt
stellen uns die atome bewohnt
vor während schopenhauer auf einer
kleinen wolke das problem der
löcher im käse zu ende
denkt.

keine chance für matschipitschu

hast du schon mal in den highlands geküsst
ein traum zwischen angusrindern und
heidekraut noch mehr mag ich palmen im
regen sie haben sowas absolut
unscheinbares wie altgediente
jazzmusiker oder französische
filme die im grauen enden gitarren
sind manchmal so karatkämpfer auch
zart und verwegen wie palmen im
regen

da kam vor kurzem diese junge schwangere
frau ins café und sagte sie habe
schon drei tage lang keine milch
mehr was sich aber schnell als reines
kühlschrankproblem herausstellte solche
missverständnisse passieren immer wieder
wo haben schon die archäologen überall
nach matschipitschu gesucht der geheimen
inkastadt

und uns nennt man glaub ich verseschmiede so ein
blödsinn dichter haben keine hämmer
das weiß doch jedes kind bestenfalls sind wir
eine kleine textschleiferei gmbh
wir feilen und feilen an unseren
wörtern bis sie kleine tödliche
kugeln sind

wie jan potocki der polnische graf
der sich nacht für nacht in die sierra
morena träumte zu den brüdern zoto
den zwei gehenkten von los hermanos
und der jahr für jahr mit einer kleinen
feile die silberne kugel an seinem
lieblingssamowar bearbeitete
bis sie so klein war dass sie in den lauf
seines revolvers passte dann schoss er
sie sich in den kopf und sein gehirn
mit den bösen spanischen träumen spritzte
an die wand weshalb er sich soviel mühe
machte keine ahnung

andererseits feilen wir ja alle
genauso besinnungslos aufs ende
hin der eine so der andre anders
und außerdem denke ich der unglückliche
graf wollte nur noch einmal glücklich sein
und war es auch als er sah dass die
kugel endlich passte

damit ichs nicht vergesse schöne
grüße von der textschleiferei gmbh
matschipitschu die geheime stadt der
inkas hätt ich gern noch gesehn bevor ich
abkratze.

HAMLET UND OTHELLO IN MEINER KNEIPE

nein ich bin nicht so blöd meinen
namen zu verraten nennt mich
wieihrwollt oder sowas namen
sind schall und rauch menschen auch
schall und rauch das ist unsere
philosophie hier liebe und tod
sagt charly nach dem achten
doppelten wiskey fahrein und
garaus mehr ist da nicht könnt ihr mir
glauben

neulich es war schon ein gut
fortgeschrittener abend kamen diese
beiden typen in die kneipe
gesegelt der blonde dürre und
der dicke schwarze die luft geht
scharf es ist entsetzlich kalt hier
sagte der dünne er trug einen
totenkopf zur zierde mann was
haben wir gelacht vor allem als
der blonde bauchredner seinen
knochenfreund mit den zähnen klappern
ließ und ihn zum sprechen brachte
der schädel klang hohl hatte
einmal eine zunge und konnte
singen wir haben auch sofort ein
lied angestimmt ich weiß nicht was
irgendwas seit fahrein und garaus
die wüste kam auch drin vor die

wüste lassen wir selten aus sie
macht die kehle so wunderbar
trocken

der dicke neger faselte
ständig von seiner treulosen
alten die er bald um die
ecke bringen wird auf die er
aber noch immer mächtig steht wenn
wirs richtig verstanden haben
jedenfalls sagte er bevor
er kurz vom hocker kippte
vielleicht hat dich der himmel
geschickt aber charly dem
auch im suff noch leicht ein
dummer satz einfällt sagte
solche engel schickt nur die
hölle

im nachhinein sind unsre
räusche ja eher grauenhaft
und nie so schön wies wirklich
war und wenn ihr mich fragt warum
sonnenuntergänge so rasend
beliebt sind kann ich nur sagen
aber zwanzig am stück gehn dir ganz
schön auf den keks und in guten
untergangssommern bist du reif für die
klapsmühle

um auf die beiden fremden zurückzukommen
man will ja keinen vergessen in einen
gedicht als sie alles leergetrunken und
kaputtgeschlagen hatten in meiner
lieblingskneipe fuhren sie mit dem taxi
weg an der wand hinter der theke aber
erschien ein grünschillernder spruch das hat
wahrhaftig nur der mond verschuldet er kommt
der erde näher als er pflegte und macht
die menschen rasend keine unterschrift kann sein
großer meister aus stratford du hast recht ich
drück dir die daumen aber machmal
bist du auch eine sonderbar begnadete
pfeife.

IM ZWEIFEL ZU DEN STERNEN

wenn man bedenkt was man jeden
tag so alles auf die mütze
kriegt gestern zum beispiel wär ich
fast an einem gulasch erstickt
und ich kenn noch etliche sachen
die dir genauso im halse
steckenbleiben könnten trotzdem
reißt es uns jeden morgen wieder
aus den federn und wir halten
die dämliche visage unters
kalte wasser bürsten die fiesen
alpträume aus den zähnen und
beruhigen mit schwarzem kaffee
zigaretten und spalttabletten
den edlen brummschädel um fit
zu sein für die übrigen
annehmlichkeiten des tages
ich weiß auch nicht warum wir das
machen vielleicht hats einen
höheren sinn oder wie die
alten philosophen sagen in
dubio ad astra

die sternenforscher müßt ihr wissen
trinken gern whisky pur in der
nacht weil er den blick öffnet aufs
galaktische wie ein fernrohr
auf die schwach beleuchteten spiral
nebel und auf ganz unsichtbare
löcher im all und zuletzt auf
den stern spica im zeichen der
jungfrau den finstersten und
trostlosesten dreckhaufen im
ganzen universum

wenn man bedenkt was wir alles
so lernten vom ersten schritt bis
zum letzten vom ersten trip
bis zum längsten vom ersten fick
bis zum besten vom ersten sinn
bis zum siebten süß und bitter
ist das menschenfleisch las ich in
einem kochbuch für kannibalen
und in der schweiz meldet der
wetterbericht sind wieder die
sterne zu sehen so ganz ohne
erleuchtung gehn wir ja nicht zu
den maden wenn man bedenkt.

DER DICHTER ALS BLUTIGER ANFÄNGER

maschine ahoi lassen wirs
krachen kugelschreiber dein
herzblut wenn ich bitten darf
bleistift steh grade noch ein schluck
aus der flasche und dann geht die
post ab

wann war das als wir alle
zusammen ein rauschendes fest
aufs keusche papier fetzten wars
nicht erst gestern oder wars schon
vor ewigen kann mich
gar nicht erinnern nur dunkel
als auf hoher dunkler see die
sätze im mondlicht glänzten
mayday schrieb einer voll salbung
mayday mayday ich geh unter
hilfe schrien auch die andern und
jules aus montevideo
japste den mund voll salzwasser
was meint ihr damit simsalabim
da ward licht und die amsel im
kirschbaum schmettert unermüdlich
den anfang von sail along silvry
moon

und wisst ihr noch wie wir goethes
faust ins reine schrieben damals
in jenem schrecklichen november
der weiß ich noch wie heute so
nebelfrei war dass die flugzeuge

auf ihm landen konnten fällt mir
auch nicht jeden tag ein sone
schicke metapher oft grübelst
du endlos und endlos und kommt
zeit kommt unrat weiße socken
trägt man nicht mehr sagen alle
weil alle sie tragen und die
liebeliebe liebe trägt keiner
mehr weil keiner sie trägt was
starrt

ihr so aufs papier hab ich was
schlimmes geschrieben ach was
billiger kugelschreiber für
zweimarkfünfzig du bist zu
sentimental ein blutiger
anfänger noch und ein bisschen
verrückt aber ich mag dich
trotzdem spät in der nacht in
gefährlicher schräglage hast
du sogar was von niki lauda
oder einer wildgewordnen
achterbahn bergauf bergab mein
liebes kind auf staubbedeckten
rattenpfaden ja kuschel dich
nur an mich die zeit läuft uns
davon du fröstelst schon da schwimmt
ein eisberg hilfe ein eisberg
licht aus alle maschinen stop
rums.

MALHEURS

schon wieder so ein lauer abend die landrover stehn
spalier vor den falschen amerikanischen
cafés ne feine zeit zum arschlöcher-outen all
die tätowierten nasen und charly du kennst ihn
noch er sah so gut aus und starb mit fünfunddreißig
mein gott was er noch alles weggevögelt
hätte

in meiner musikbox hab ich gelesen die
liebe ist ne undankbare geschichte nur ein
schatten den der mond wirft und am montag wächst gras
drüber und doch hab ich gelernt deinen namen
zu buchstabieren und war verkrallt in deine
straßenköterhaare in ihren duft in ihre
dornen

die einen gehn ja bequem mit ner morgenlatte
durch die drehtür und die andern brechen sich auf nem
polstersofa fünf rippen was wären wir ohne
unsre malheurs die geschichte der menschheit ist voll
davon nichts wüßten wir von unsren fernen ahnen
wenn nicht vor vielen tausend jahren auf java ein
unglücksaffe vom baum in den sumpf gefallen
wär

pneuma zoticon klingt wien schweinischer witz und ist
doch nur unser armes kleines herz verpackt in
cellophan wärs leichter aufzutaun im mikrowellenherd
draus wird ein frühstück gemacht die butter schmeckt
schon etwas
ranzig herrlich ist manches und vieles ist hoffnungslos
vergiss die ängstlichen schauer lass alles liegen wie es
war

verpiss dich endlich meine liebste und fass mich
nicht fass mich
nie mehr an.

Flora- und Faunagedichte

ZWIEBELSPRÄCH

anemone
ich will fichten
nadelst du?

ich farn dich
ritter sporn
rühr mich nicht an!

anemone, löwen zahn
ich will möhren
komm ins bett!

pusteblume
stachelbär
ach, lass dich veilchen!

anne mohn
nur ein krokuss
dann ist sense

jetzt ist enzian
ich lass mich nicht zypressen
seidelbasta!

weintraube

allen nachtkerzen
kommen die tränen
dem lauch
auch
wenn bogey greta garbo küsst

alle roten blumen weinen
und mit ihnen
die lupinen
wenn der letzte mohikaner stirbt

bei jeder hochzeit
greifen die späten blüter zum taschentuch
dahlie augenfeucht und
nieswurz nahamwasser
selbst die nutte
hagebutte

und wenn einer die liebe verrät
ist alles zu spät
föhren fichten tännen
alle flennen
die veilchen

DAS KAMEL

grausam sind
die kamele
so groß ist
ihr durst
dass sie die ganze wüste
leer trinken
dass kein baum mehr
dort wächst
und die fische
sich flüchten
zu den ratten und mäusen
tief in der erde

grausam
sind die kamele.

DER RABE

die geschichte vom raben
zerfällt in zwei teile

in den seines schwarzen gefieders
und in den seiner scharfen krallen

warum
krächzt der rabe
sagen die leute
ich könne nicht singen.

ROSeNFLUCH

narzissenarsch
und bärenwurz
lavendelmist
und distelfurz

nelkenblitz
und tulpenklein
ginsterunkraut
latschenschwein

holunder und drüber
kreuzdornüberdüber

primel gras und bohnenbusch
das ist der große rosenfluch.

DER IGEL

der wettlauf
mit dem hasen
sei ganz in ihrem sinne
verlaufen

meldete
der igel
den
gebrüdern grimm.

Inhalt

5   statt eines lebenslaufes

Prosagedichte

11   ein abend mit doc holliday
19   die welt aus sicht der marx brothers
22   keine chance für matschipitschu
28   hamlet und othello in meiner kneipe
32   im zweifel zu den sternen
38   der dichter als blutiger anfänger
40   malheurs

Flora- und Faunagedichte

51   zwiebelspräch
53   weintraube
55   das kamel
57   der rabe
59   rosenfluch
61   der igel

ÜBER DEN AUTOR

Alois Segerer (1938 bis 2015) war war „Rathaus-Redakteur" bei der Münchner Abendzeitung. Seine Berichte, Reportagen und Glossen im Lokalteil der AZ wurden von einer großen Leser/innenschaft, auch außerhalb der bayerischen  Landeshauptstadt, mit Vergnügen aufgenommen. Geboren ist Alois Segerer im oberpfälzischen Fuchsstein bei Amberg. Dort besuchte er das altsprachliche Humanistische Gymnasium (heute Erasmus-Gymnasium) und verdiente sich nach dem Abitur bei den Siemenswerken als Bürobote das Geld für sein Studium. Er belegte an der Ludwig-Maximilian-Universität zu München die Fächer Germanistik und Journalismus. Den letzteren machte er zu seinem Brotberuf, nicht ohne auch poetisch tätig zu sein und im Kreis seiner Münchner und Amberger Freundinnen und Freunde zu veröffentlichen. Posthum sind von ihm bereits zwei Gedichtbände und ein Band mit Aphorismen erschienen (siehe Seite 71).

ÜBER DIE BILDMONTAGEN

Rudolph Bauer ist im vorliegenden Band mit Bildmontagen vertreten. Sie dienen nicht der Illustration, sondern zeigen visuelle Kontrapunkte zu den Texten von Alois Segerer. Bauer wurde 1939 geboren und besuchte dasselbe Am  berger Gymnasium wie sein Freund Segerer. Das Studium führte ihn über München nach Erlangen, Frankfurt am Main und Konstanz, wo er im Fach Politikwissenschaft promovierte. Über mehrere berufliche Stationen – u. a. ebenfalls als Journalist – gelangte er 1972 als Professor für Wohlfahrtspolitik und Soziale Dienstleistungen an die Universität Bremen. Neben seiner Tätigkeit als Forscher und wissenschaftlicher Publizist war und ist Bauer künstlerisch und literarisch aktiv. Zuletzt erschienen von ihm der Band „Aus gegebenem Anlass" sowie militarismuskritische Bildmontagen unter dem Otto-Nebel-Titel „Rüste-Wüste".
Näheres unter www.rudolph-bauer.de.

Alois Segerer
Fogerl
Mundartlyrik und Fotografie
Fünfzig Jahre München haben logischerweise
meinen oberpfälzer Hausdialekt ziemlich
verhunzt. Es ist jetzt so eine Art Ober-Nieder-
Hoch-Bairisch mit oberpfälzer Akzent.
Is owa wurscht. Eigentlich hod ja jeda sein
eigna Dialekt. Wenna oan hod.
Alois Segerer über Alois Segerer

Alois Segerer
Bye Bye Blackbird
Gedichte und Haikus
Texte: Alois Segerer
Radierungen: Hanne Geng
Poetische Abhandlungen über weibliche
und männliche Verkörperungen unserer
Sternzeichen. Ein astrologischer Zyklus
aus gewitzter Menschenkenntnis und mild-
boshaften Querschlägen.

Alois Segerer
Wie Luzifer aus dem Himmel
Aphorismen
... brilliante Geistesblitze und schlichte Fund-
stücke, akrobatische Wortjonglage und
melancholische Redensarten, bittere Wahr-
heiten und ironische Topoi, lautere Floskeln
und spöttische Sarkasmen, spitzbübische
Anmache und lockere Redensarten, fein
Gesponnenes und gelegentlich derber Auswurf.
Rudolph Bauer im Vorwort

Impressum

CIP-Titelaufnahme der Deutschen Bibliothek
Alois Segerer
Warum krächzt der Rabe

Herausgeber: Rudolph Bauer, rudolph-bauer.de
Texte: Alois Segerer
Montagen: Rudolph Bauer
Gestaltung und Satz: Tizian Bauer – ansichtsache.com
Foto des Autors auf Seite 68: Rudolph Bauer
Foto Rudolph Bauer auf Seite 69: Tizian Bauer

Verlag und Druck:
tredition GmbH, Halenreie 40–44, 22359 Hamburg

ISBN Taschenbuch: 978-3-7497-9027-2
ISBN Hardcover: 978-3-7497-9028-9
ISBN e-Book: 978-3-7497-9029-6

Bibliografische Information der Deutschen Nationalbibliothek:
Die Deutsche Nationalbibliothek verzeichnet diese
Publikation in der Deutschen Nationalbibliografie; detaillierte
bibliografische Daten sind im Internet unter http://dnb.d-nb.de
abrufbar.

Zeitfracht Medien GmbH
Ferdinand-Jühlke-Straße 7
99095 Erfurt, Deutschland
produktsicherheit@kolibri360.de